CW01191123

Primera edición
junio del 2000

Diseño gráfico
Cass

Fotografías
Oriol Cabrero

Textos
Xavier Blanch

Ilustraciones
Monse Fransoy

Producción
Francesc Villaubí

Coordinación editorial
Laura Espot

Dirección editorial
Xavier Blanch

© La Galera, SA Editorial, 2000,
por la edición en lengua castellana

ISBN: 84-246-0692-2

La Galera, SA Editorial
Diputació, 250 - 08007 Barcelona
www.enciclopedia-catalana.com
lagalera@grec.com

Impreso en la UE

Depósito legal: B. 21.492-2000

Impreso en Tallers Gràfics Soler, SA
Enric Morera, 15
08950 Esplugues de Llobregat

Prohibida la reproducción y la transmisión total o parcial de este libro bajo ninguna forma ni por ningún medio, electrónico ni mecánico (fotocopia, grabación o cualquier clase de almacenamiento de información o sistema de reproducción) sin el permiso escrito de los titulares del copyright y de la empresa editora.

Adivinanzas
FRUTAS

DE UNA EN UNA O POR PAREJAS
SOMOS JOYAS DIVERTIDAS
COLGADAS DE LAS OREJAS.

¿Quiénes somos?

PISTA 1
No somos las fresas.

PISTA 2
Cuando nos comas,
no te tragues el hueso.

PISTA 3
Somos las...

C _ R _ Z _ S

...las cer

ezas

SI POR UNA DE ESAS
NOS UNTAS DE NATA
O NOS REMOJAS EN NARANJA,
SEGURO QUE ALEGRAS LAS CENAS.

¿Quiénes somos?

PISTA 1
Llevamos siempre
un sombrerito verde.

PISTA 2
Muchos chicles
saben como nosotras.

PISTA 3
Somos las...

F

FR__S__S

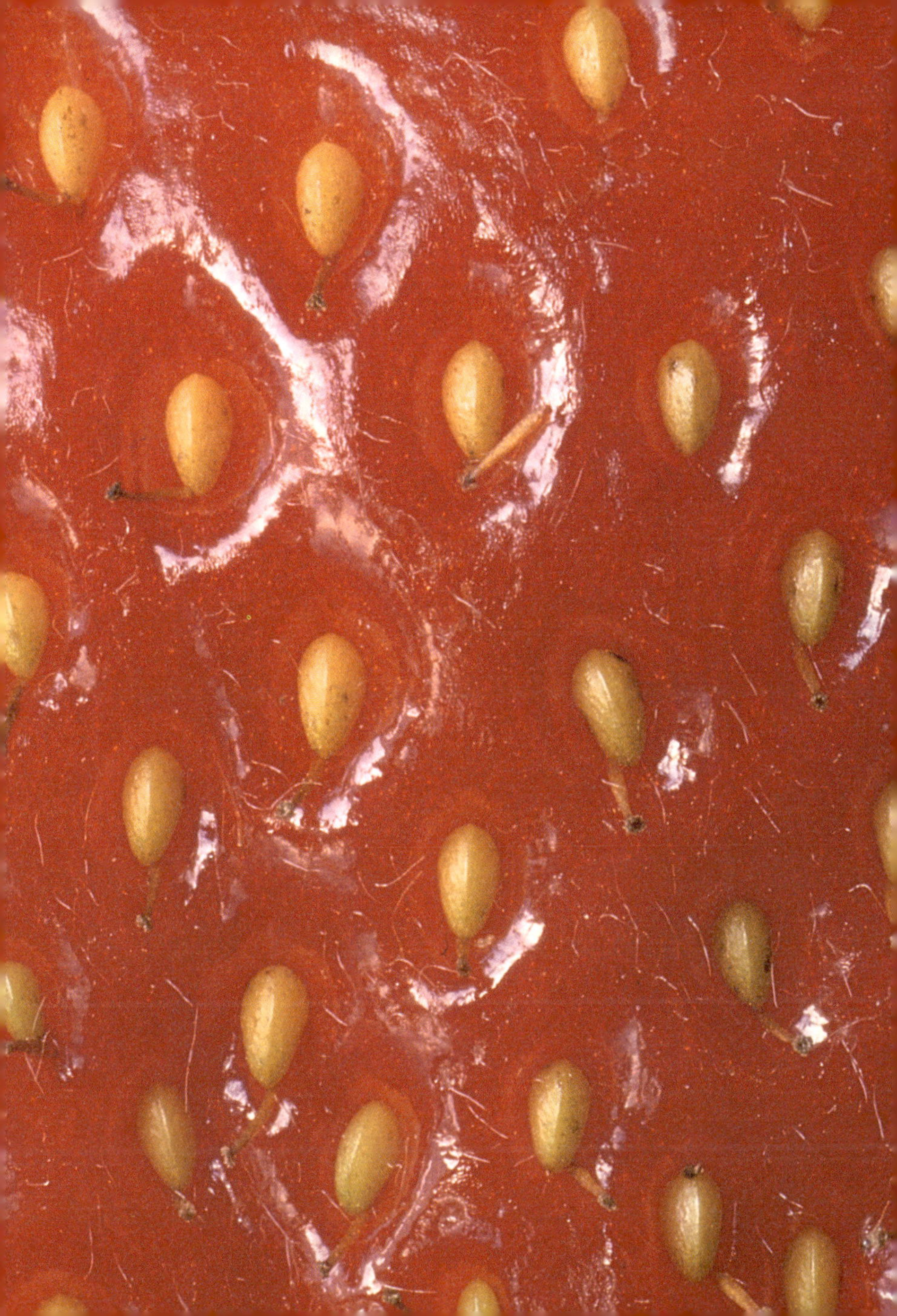

...las fre

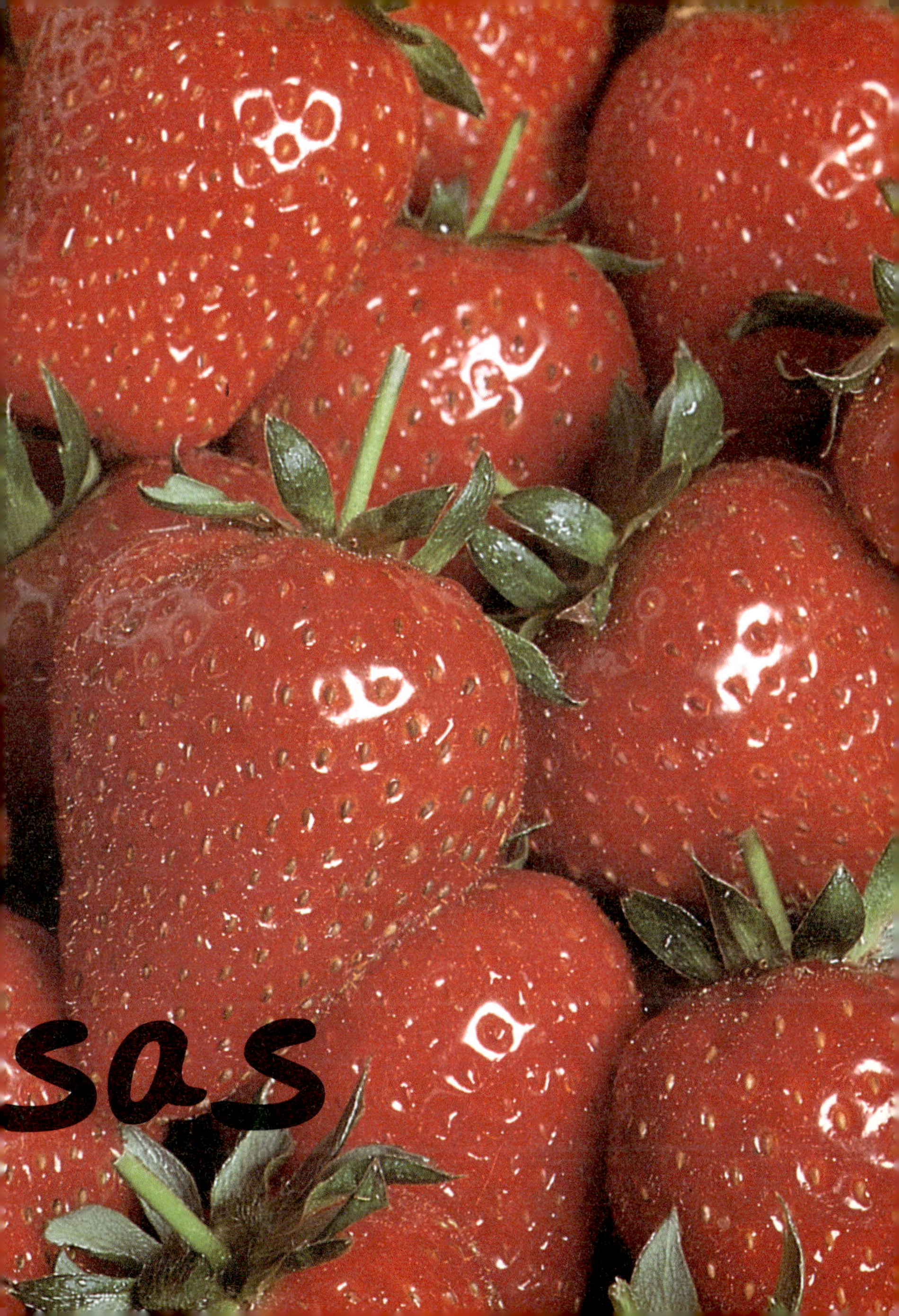
sas

**ERA O NO ERA,
NO TE PRECIPITES:
ESPERA.**

¿Quién soy?

PISTA 1
No soy la manzana.

PISTA 2
Tengo forma de bombilla.

PISTA 3
Soy la...

P

P__ R__

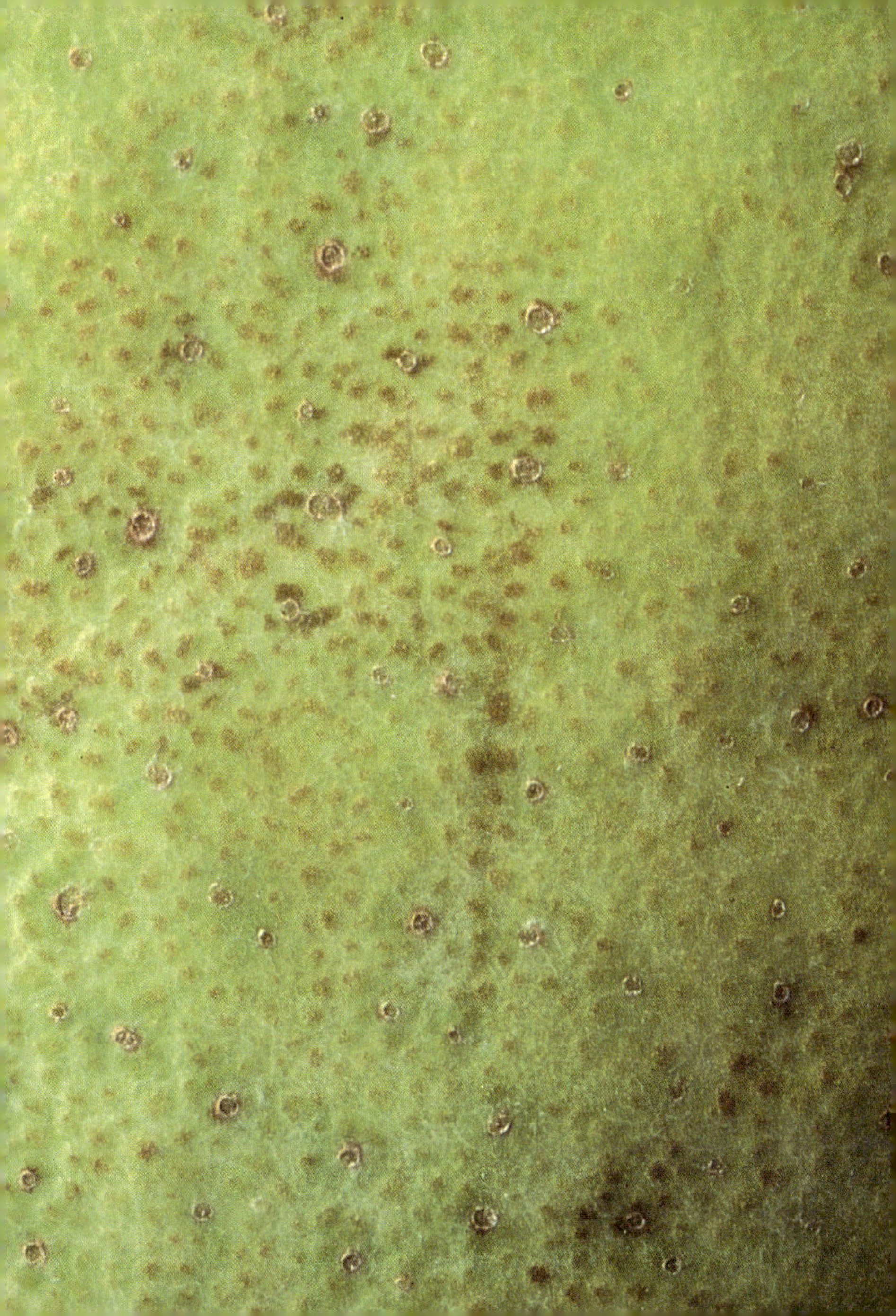

...la pera

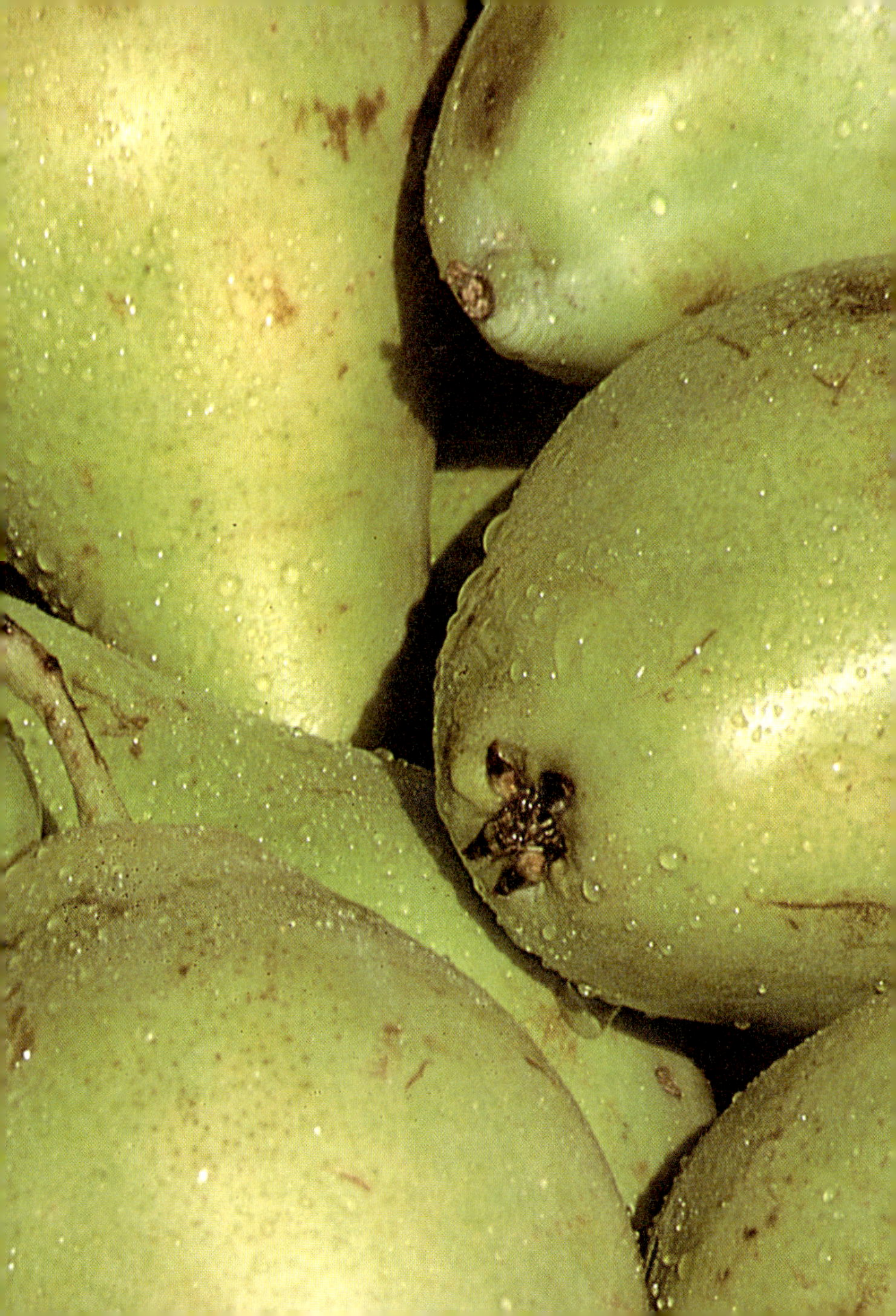

**SÉ QUE GUSTO A LAS MONAS,
A MONOS Y CHIMPANCÉS;
ME VEN COLGADO EN LAS TIENDAS,
AMARILLO DE CABEZA A PIES.**

¿Quién soy?

PISTA 1
No soy el limón.

PISTA 2
Cuidado no resbales
si pisas mi piel.

PISTA 3
Soy el... P

PL__ T_ N__

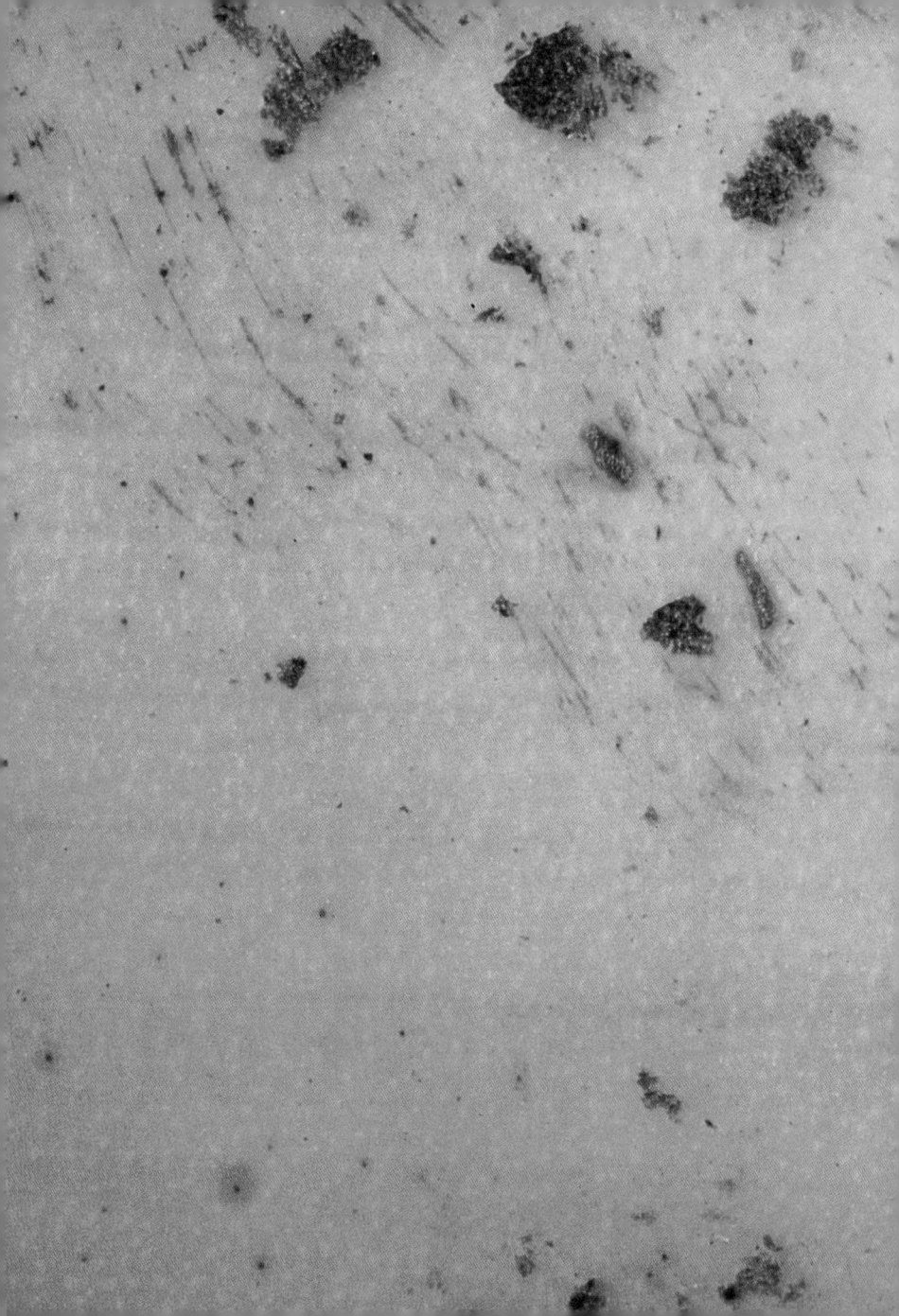

...el pla

tano

**PUEDO SER ROJA, AMARILLA O VERDOSA
Y SI TE DUELE LA BARRIGA
CASI, CASI MILAGROSA.**

¿Quién soy?

PISTA 1
No soy la naranja.

PISTA 2
Guillermo Tell me clavó
una flecha en el corazón.

PISTA 3
Soy la...

M

M__NZ__N__

...la man

zana

**DULCE Y JUGOSO,
LA CARNE MUY TIERNA
Y EL VESTIDO RUGOSO.**

¿Quién soy?

PISTA 1
Tengo un cierto parecido con el albaricoque.

PISTA 2
Mi hueso es bastante grande.

PISTA 3
Soy el...

M

M _ _ L _ C _ T _ N

...el mek

ocotón

MI PIEL ES FINA, AMARILLA, VERDE O ROJA O MORADA.

¿Quién soy?

PISTA 1
Soy más pequeña que la manzana y más grande que las uvas.

PISTA 2
Seca también me puedes comer.

PISTA 3
Soy la...

C _ _ R _ _ _ L _ _

...la cir

nela

**LA ÚLTIMA NOCHE DEL AÑO
TODO EL MUNDO TOMA DOCE,
MÁS O MENOS A LAS DOCE
Y A NADIE CAUSAMOS DAÑO.**

¿Quiénes somos?

PISTA 1
Podemos ser verdes o negras.

PISTA 2
De nosotras se saca buen vino.

PISTA 3
Somos las...

_ V _ S

...las uv

as

NO ME LLAMO SÍLVIA
NI ME LLAMO SANDRA
NI SOFÍA
NI SAMANTA.

¿Quién soy?

PISTA 1
Soy grande como una pelota de fútbol.

PISTA 2
Por dentro estoy llena de pepitas negras.

PISTA 3
Soy la...

S _ ND _ _ _

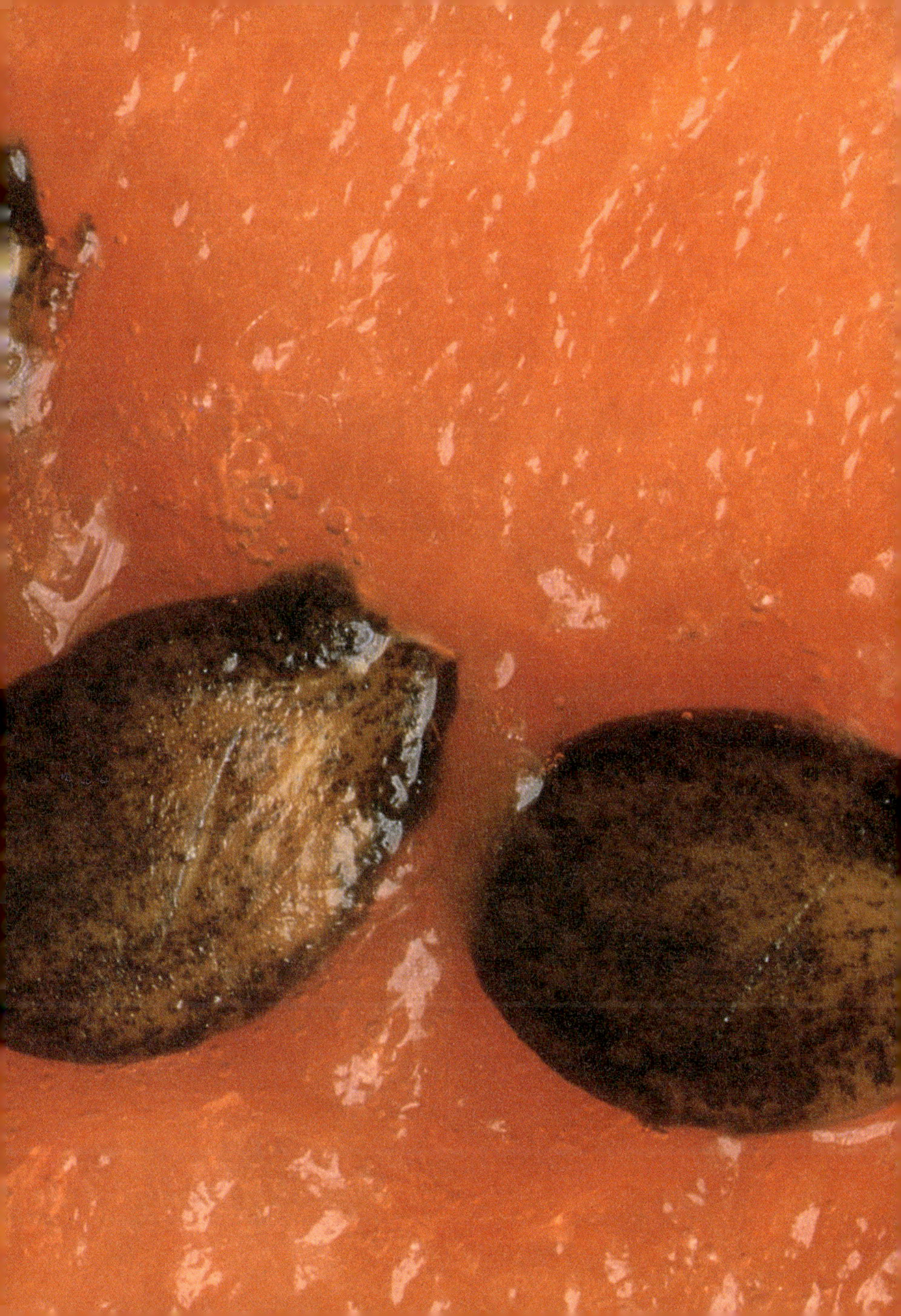

...la san

día

DOY MI NOMBRE A UN COLOR
Y CUANDO ME COMÉIS LOS NIÑOS
OS PERFUMO CON MI OLOR.

¿Quién soy?

PISTA 1
Si me exprimes,
sacarás un buen zumo.

PISTA 2
Por dentro soy toda gajos.

PISTA 3
Soy la...

N

N__R__NJ__

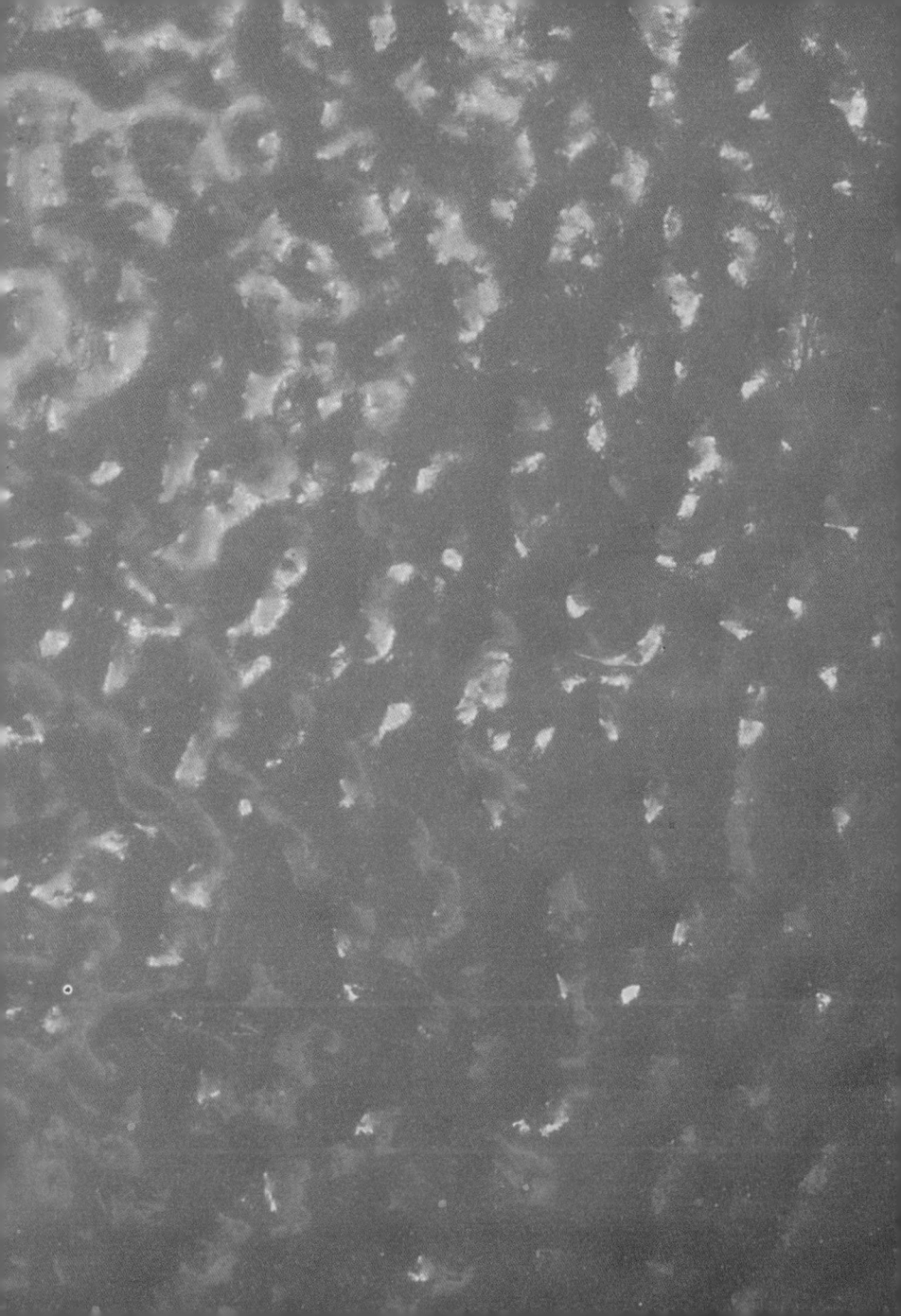

...la nar

anja